I0436576

Letras y recuerdos de K'yab

Karina Liszet "Kayapina"

Título de la obra:

©*Letras y Recuerdos de Kjab*

Autora:

Karina Liszet "Kayapina"

Formación editorial:

Pablo Valentín

Fotografía:

Karina Liszet (Kayapina)

No. de registro:

03-2023-101813161300-14

Impreso en México/*Printed in Mexico*

Letras K'yab
y recuerdos de

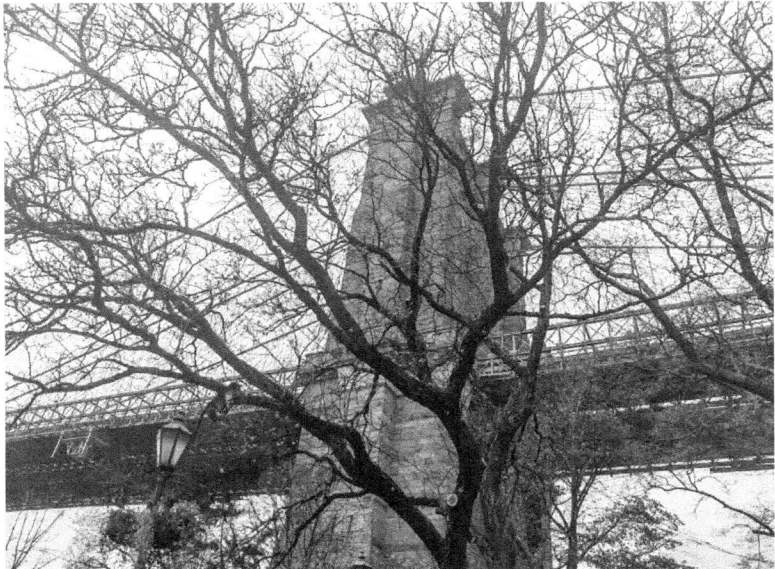

Brooklyn Bridge, 2021

Poemas
y fotografías por:
Kayapina
Karina Liszet

Prólogo

Había una vez....

Una escritora *wanna be* que deseaba crear cuentos cortos o largos de fantasía y ciencia ficción, pero en vez de eso saco un libro de poesía.

Todo comenzó entre 1997 o 1998, siendo un adolescente comenzando a crecer, saber de la vida, a comprender nada (porque todavía no se nada de nada); no encontré camino hasta que comencé a escribir. Recuerdo tener un cuaderno con portada color rojo donde escribía todo lo que pensaba, mis poemas, mis hechizos, e incluso todo lo que tenía que ver con Júpiter —mi planeta favorito— el nombre de sus lunas, como se conformaban etc. Ahí descubrí que mi manera de expresarme era escribiendo y que unos 25 años después o más, pasaría de la poesía a las vivencias plasmadas en un blog, cuentos cortos, guiones y pensamientos al azar. También puedo contar que siempre quise publicar un libro, pero no tenía la confianza suficiente para amar mis escritos... Hasta hoy, me tomó muchos años saber lo maravillosa y perfecta que era para el universo y para mí. Escribir es una de mis formas favoritas de expresión, y así para mí es perfecta y maravillosa, plasmando lo que siento y lo que recuerdo.

Espero que este libro hecho con mucho amor y mucho trabajo te guste —aunque sea un 0.01% de lo que me gusta a mí—, y eso será algo extraordinario, porque la pasión que he puesto en él es infinita.

Gracias por leerme y espero te guste este libro tanto como a mí, y sepas también que escribir no solo te libera, te sana y te salva.

Sé que no es una entrada de mi blog ji ji ji, pero debes saber que el arte nos mantiene vivos.

Gracias y te mando donde estes amor, mucho amor.

Karina Liszet "Kayapina"

Este pedazo de mi corazón se lo dedico a los mejores mamá, papá, hermano y cuñada del mundo.

En especial a las dos luces de mi vida:
mi bebé Karlita y mi bebé Roy.

Pero sobre todo a aquella me vigila y me cuida desde el Valhalla, mi mejor amiga, mi valquiria, mi manna querida: Cecilia Torres.

1998

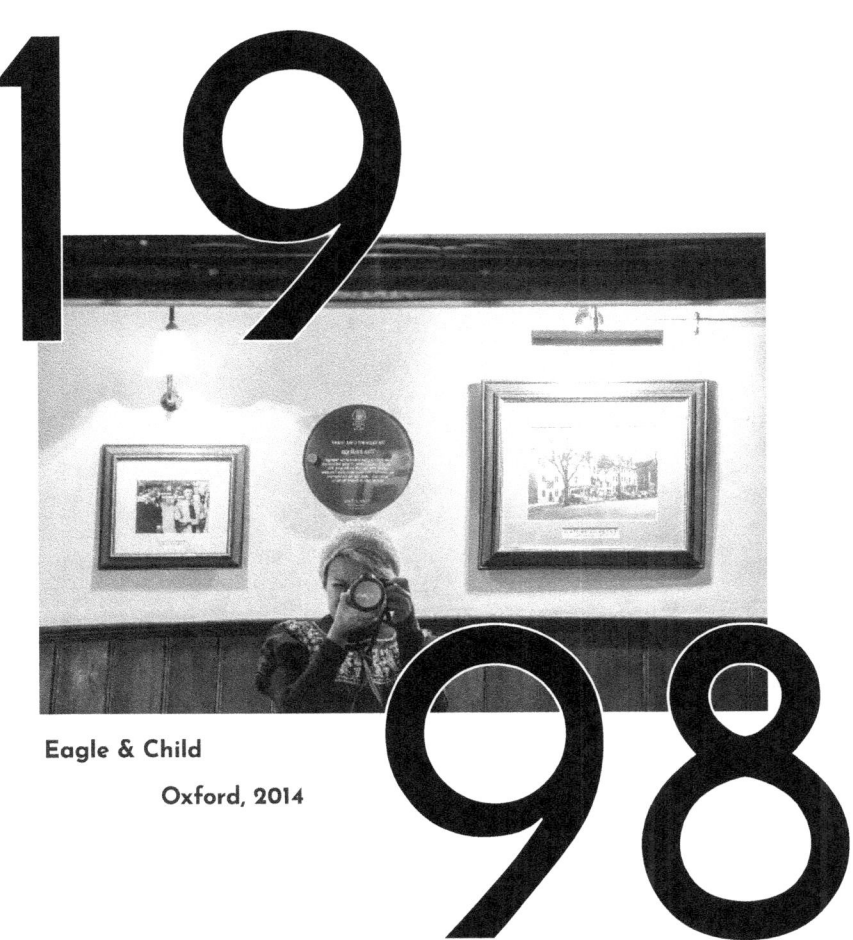

Eagle & Child

Oxford, 2014

Calas

Empiezo en calas y sólo es poesía,
son falacias tus tropos y no escuchan latir.
No pronuncian razón.
Ni merecen la muerte.
Vive conmigo aquí en mi mente.
Cuando llega la noche y con ella mi ego,
me tocas de nuevo y me haces temblar,
renace mi miedo en la oscuridad.

Páginas

¿Dónde abrí tus páginas y sólo pude leer penitencias?
En tu libro cerrado y clausurado de mesura.
¿Dónde habré de terminar?

Fango

Pudrirte en el fango del recuerdo
es fundirte,
es lamentar los deseos de morir en silencio.
Amor venenoso,
como el vampiro que acecha a su presa
sin saber que no sólo bebe su sangre,
sino también su ansiedad de morir en sí misma.

20
02

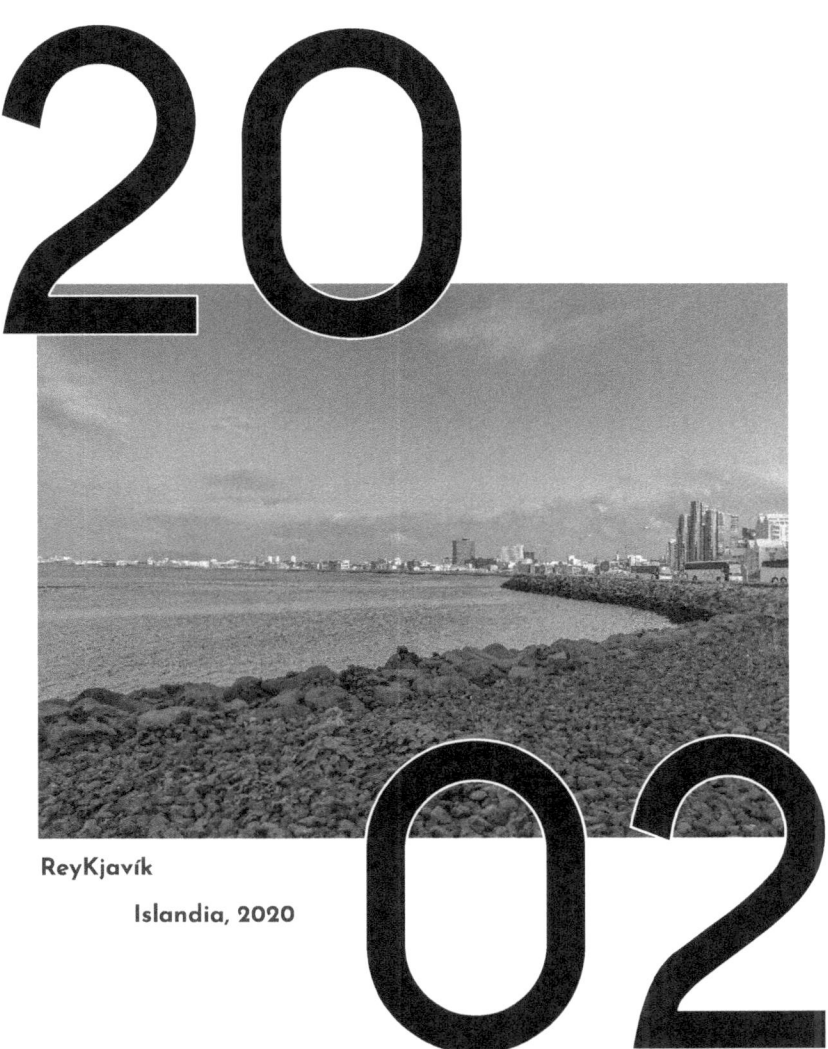

ReyKjavík

Islandia, 2020

Consuelo

Jamás fueron tus brazos
consuelo de mis lágrimas.
Ni tus labios
alivio de mis pesares.
Y a pesar que nunca tu pecho
fue para mi cabeza un reposo instantáneo,
te amo con locura
y sufro sin ternura,
no veo sin tu mirada
ni sin esa sonrisa dorada.
A nadie más siento y no muero
al decir que no vivo
si no te miro.

20

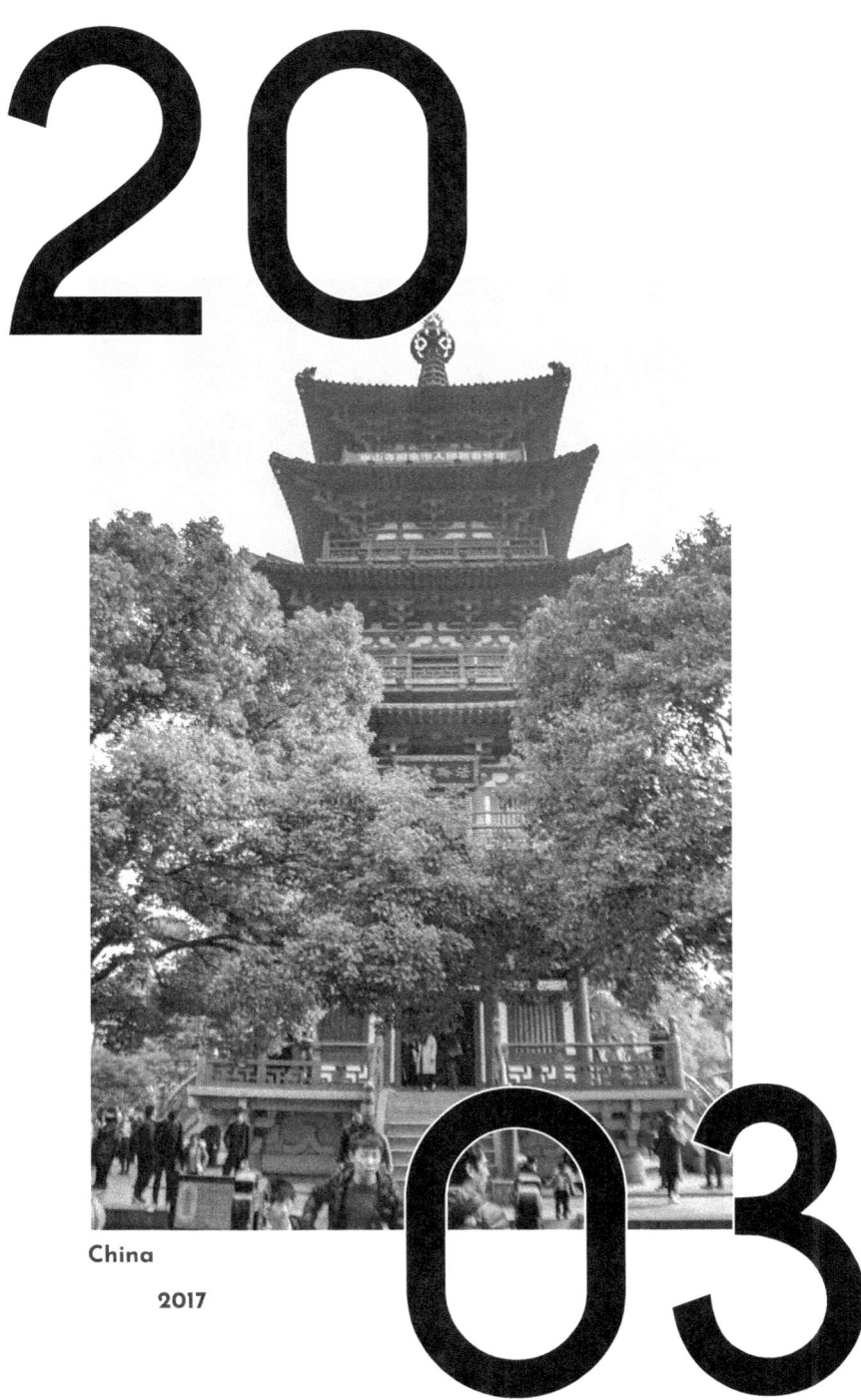

China

2017

03

No te vayas de mi lado

Ata mis sentidos, aunque tengas mi materia,
encláustrame en tu cuerpo, pero no encierres mi corazón,
juega con lo que veas,
pero no intentes encontrar lo oculto.
Pégame, ahórcame o mátame,
toma mi cuello y no me dejes respirar.
Bésame, muérdeme, asfíxiame
y no explotes mi ternura,
tírame, golpéame y azótame
pero no te vayas de mi lado.

Todo existe

Todo lo que pude expresar
ha sido creado.
Aunque todo lo vivido
no ha comenzado,
todo lo escrito
lo he imaginado,
y hasta lo inexistente
en mis sueños ha habitado.

Guerra

¿Quiénes somos?

¿En qué nos hemos convertido?

¿Cuándo se supone que en este mundo hay amor?

¿Qué hay de la guerra?

¿Qué es la paz en estos días?

¿Dónde está nuestra caridad?

¿Y en qué se ha convertido la cordura?

Humano sin alma,

¿quién te ha otorgado el derecho

de quitar la vida?

¿Dónde encuentro la autoridad?

¿Qué te permite destruir?

Quiero preguntarte,

¿Quién te dio el derecho de otorgar la muerte?

¿Cómo te atreves a robar más?

Renaces

Habiendo muerto en mi corazón,
renaces en mi conciencia
y creas una guerra interna.
¿Qué quiero descubrir?
¿Qué necesito hoy?
¿Acaso tus brazos o tu boca
que me llenó un día de alegría?
A tu ser extraño y desconocido
que no puedo rechazar.
Renaces y te levantas
cual guerrero nórdico,
y apuntas
con tu espada mi noble corazón.
Y sin saberlo
sé que deseas hacerlo y comerlo
o, si mis interpretaciones son erróneas,
y quieres desgarrar mi cuerpo,
es acaso tu sentir el mismo;
habiendo muerto en mi corazón
descubro que jamás moriste,
dormías en mi regazo,
has despertado para una última pelea.

Despiertas para hacerme saber que no he fracasado,
que en verdad amé,
que nunca mentí,
y mi corazón te di.

Tristeza

Mi corazón
no descansa en su celda de hierro.
Reposa en el sepulcro del sentir.
Mi llanto ahoga mi pulso.
Mi tristeza.

Perdí

He perdido mis manos.
No logro escribir.
He perdido mi lengua.
No logro exclamar.
Lo perdí todo
Al imaginarte.

2004

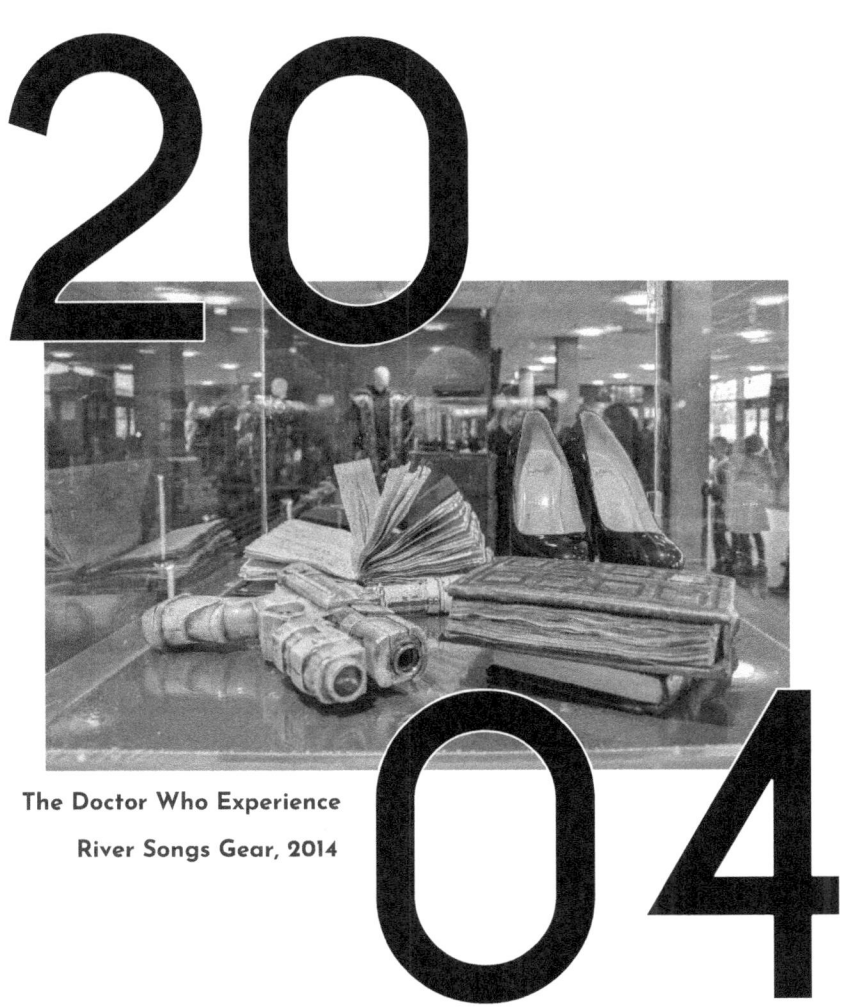

The Doctor Who Experience

River Songs Gear, 2014

Suave y sutil

Cuando el viento llegue y sin decir adiós me marche,
¿No regresarás nada más por mí?
Moriré sutil,
sin pena y sin gloria en tu memoria.
Descanso.
Sereno mi cuerpo muere.

Silencio

Silencio sin voz, que no puedo expresar,
profunda agonía sobre mis hombros,
miseria tan mía,
casa no hay.
¿Dónde me alojo cuando no estoy en mí?
baila, baila y no permitas que mi mirada se percate,
no mires, no miro mientras tú observas.
Detente,
que la claridad es incierta en mi ser,
silencio, no hables, solo observa.
Un beso, he ganado y perdido
suave y sutil como el viento.

Wicca

En cinco deletreo tu nombre,
comienzo con las lunas de cada ciclo,
continúo con la primera,
junto mi edad con los meses de la vida
y por fin termino con el cuarto sol.

Dormir

Al término del día
comparto mi sueño,
mi sentir,
todo se transforma,
el consciente en el sub,
y mi energía en sueño.
Al término del sueño
empieza una nueva transformación,
mi dormir en vida,
y mi subconsciente en sentir.

Hechizos

Hechizo de luna llena sobre un bosque encantado,
embrujo en mis ojos que no dejaban de mirarte,
elixires de éxtasis dentro de mí,
posiciones de vida se introducen en mis poros,
encantadas pasiones seducen mi lujuria,
ser de hechicero conquista mi corazón.

20

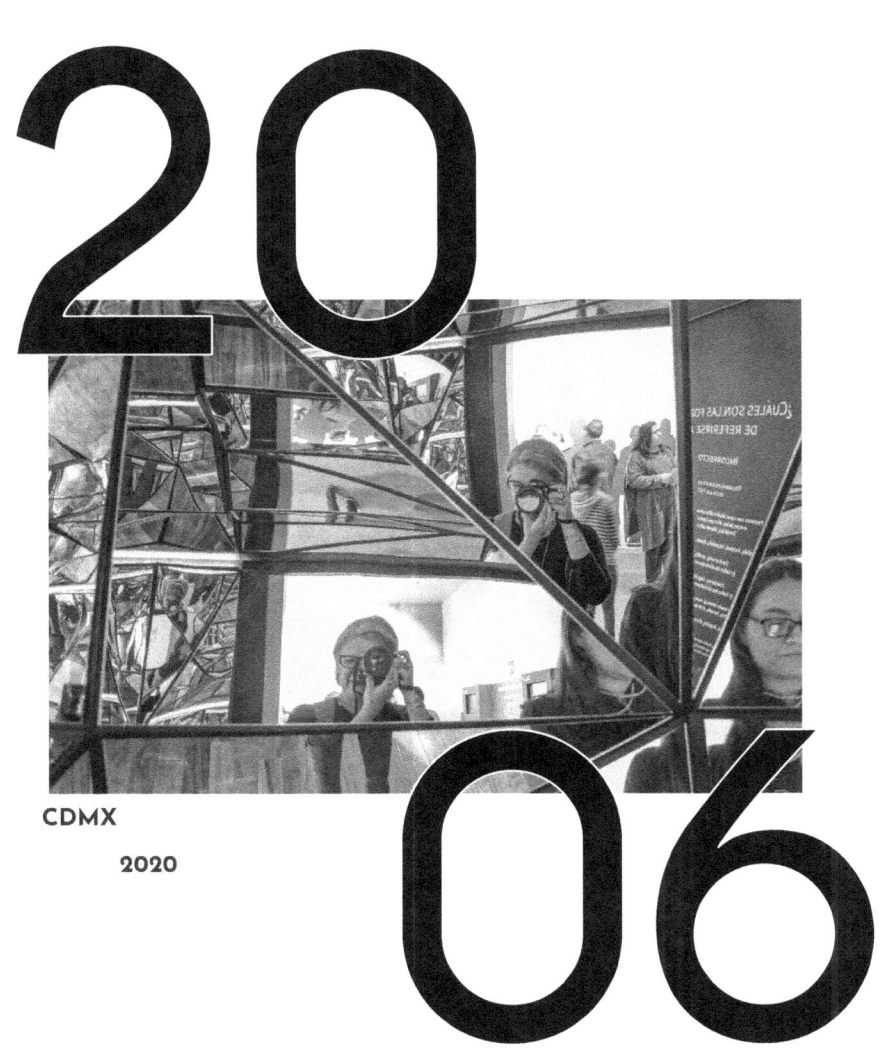

CDMX

2020

06

Sentir

Corre en mi sangre,
mesura sellada.
Corre en mis días,
tinieblas de nada.
Un mar de caricias,
hoy seré un hada

Demonios exhaustos,
llenos de lujuria.
Palabras marcadas
que son una injuria.
Cae la noche
y con ella la lluvia.

Dormir profundo,
sola despierto.
Así amaneció.
Y me sentí muerta.

Semillas de odio
en mi frígida huerta.

Así terminamos
cansados del mal.
Mis labios ahora
saben a sal.

Sumiso sentir
comienza mi olvido,
tristeza sin luz,
muere, yo te pido.
Este día de amor
recobrar lo perdido.

Ternura de ayer
No te vayas nunca
Locura de hoy
Regresa a tu tumba.

2018

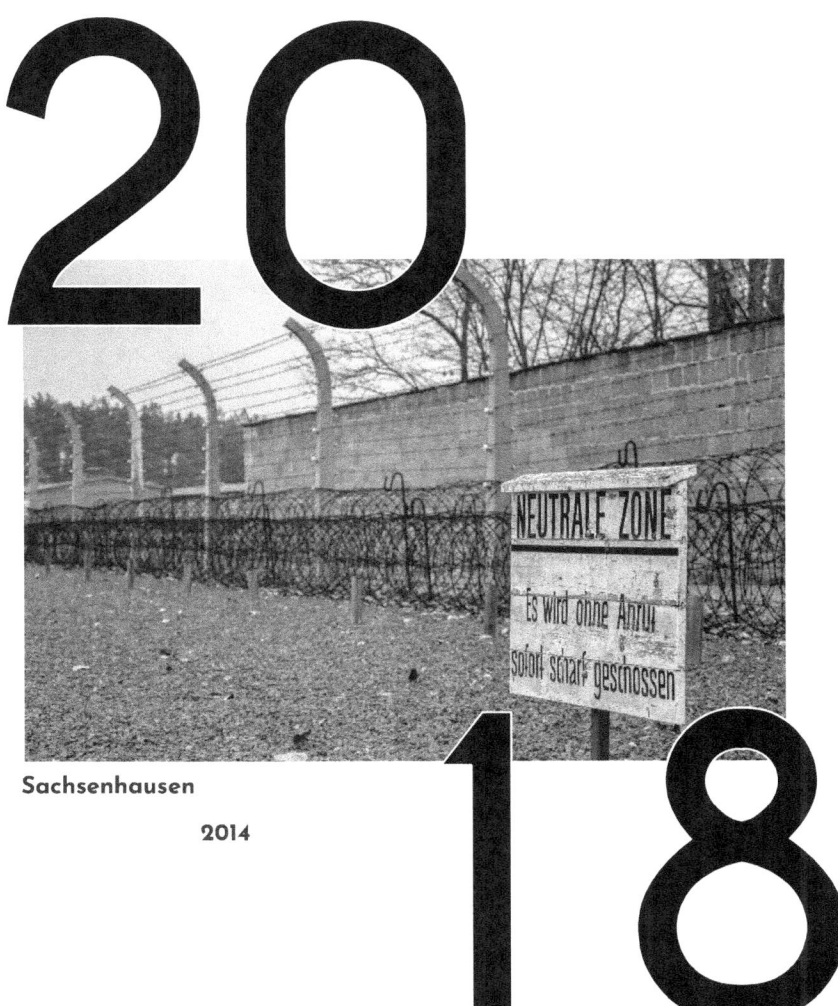

Sachsenhausen

2014

Mis noches en vela

Tirito en mis noches en vela
y no hay nada que me cubra,
mi alma es de transparente tela,
me siento sola en la penumbra.

Extraño sus brazos
y el latir de su pecho,
pero ya no hay más lazos,
solo el recuerdo de su lecho.

El amor no conoce razón,
y el desamor fluye en las venas,
desgarrándome el corazón,
haciendo de mis días sólo penas.

Entiendo el aprendizaje,
aunque en mis noches desespere
deberé encontrar el coraje
y que pronto esto supere.

No hay acordes, ni cantos
que alivien mi pesar,

en mis horas sólo llantos
al recordarte besar.

La locura me mantiene
esperando serenidad,
mi alma se sostiene
con mi pura dignidad.

El placer lo entregue sin dudar,
a ti toda mi lujuria regalando,
entre días y noches sin pensar
terminé mi sanidad asfixiando.

Mar

Felices remembranzas e introspecciones.
Encamínate a tu puerto y sube al mástil transversal de la
primera embarcación
que veas en razón de la decidía... Ahora que un puerto puedes
encontrar cercano...

Canción

Notas frías con runas dibujadas,
entre bullicio y miradas no mías;
las tomo exigiendo, sin percatar
que esa canción no debo cantar.

Comenzamos a afinar:

Do, es el primer contacto,
Re, se acerca con lentitud,
Mi, toma fuerte mi fría mano,
Fa, captura momentos,
Sol, conociendo tus labios,
La, ahogada en sonidos,
Si, termina y comenta.

Término

La inspiración se agota,
como el botón que brota
y deja de ser botón
para florecer el sangrante corazón...

Playa

Calas y playa sin olas,
mares y piedras sin sol,
soy el viento del adviento
sin liturgia ni sermón.

Encuentro en el viento
el susurro de tu aliento,
recuerdo y no miento
al decir que no lo lamento...
Harley.

Desde aquella luna que rugía
Llega con calma la luna fría,
aquella que me dará paz,
después de nuestro amor fugaz.

Colores de canción

Colores con notas;
transmutadas en morado,
vividas en verde,
energizantes en azul,
y al final, pero al principio de nuevo,
amarillo con iluminación.

Notas de paz y reencarnación
con colores de remembranza.
Acordes de esperanza,
esto es una aseveración.

Observo, escucho y siento.
Recuerdo lo aprendido,
lo tomo con amor,
todo lo que he sentido
escribo con fervor...

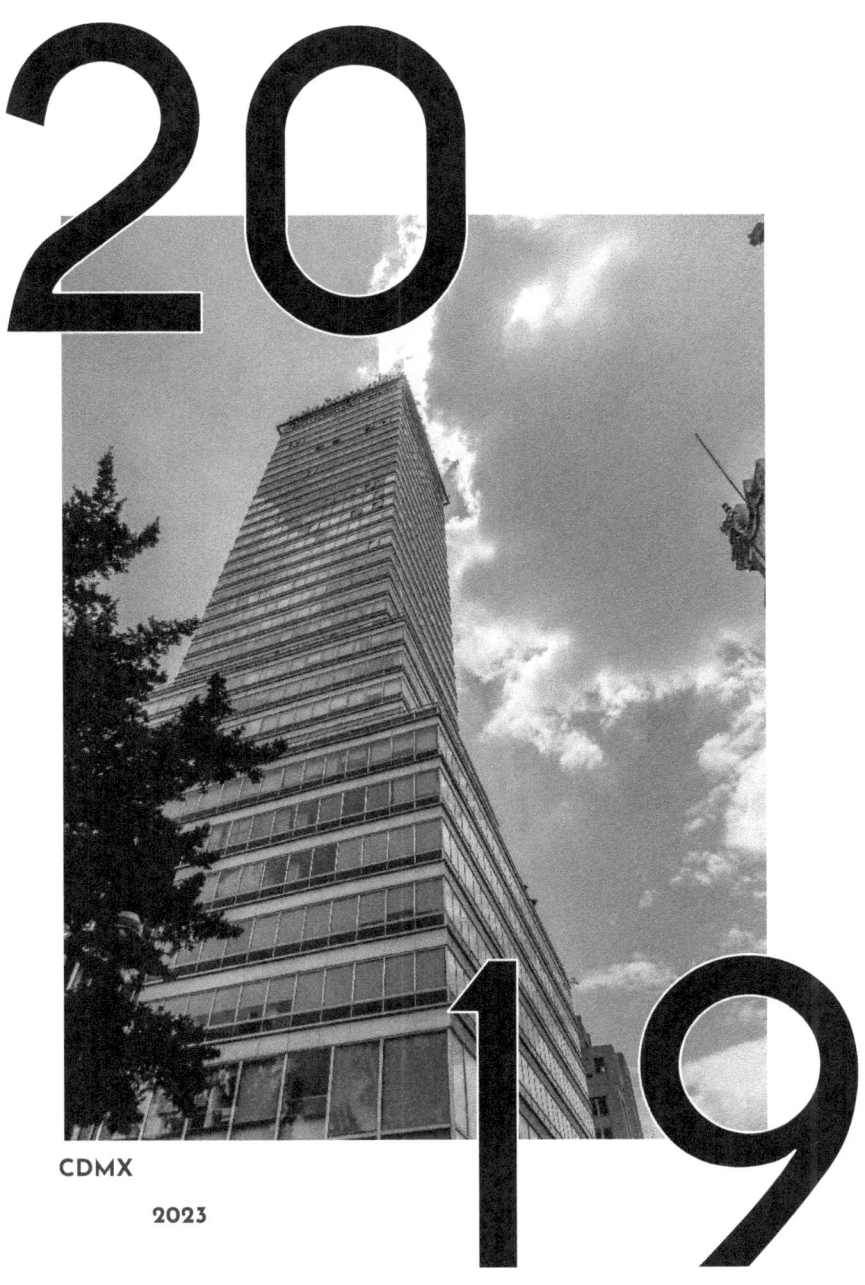

20

19

CDMX

2023

Jardín de mi edén

Botón de veratrum,
florece a tu ritmo
sin dejar de compartir,
creando colores brillantes.
Que has sobrevivido
a las más duras tempestades.

Peligrosa y hermosa,
creces y tocas en luparia,
no envenenes
¡No cosechen el plantío!

Brugmansia,
he perdido la razón...

Frigg

Un instante es un beso eterno
que se arraiga en la piel y penetra los sentidos
cuando los deseos se transforman en pasión, y mutan de
cuerpo físico.
Soy Frigg y ya no siento, ahora sólo deseo el ser transmutado.

Otoño

Recordaré este otoño frío,
con cabello transmutado,
aquel que me regaló la locura,
la insanidad y la lujuria.

Recordaré tu abrazo
y tus besos carmesíes;
tu sonrisa coqueta,
y la forma de tus manos dibujadas.

Recordaré con añoranza,
tú cuerpo ilustrado de historias,
el olor de tu piel,
y la forma en que me hiciste vibrar.

Remembranzas en mi memoria
quedarán alojadas
en este otoño frío,
el cual me regalo contigo,
y el sabor de tus labios fríos...

Mezcla

Esta vez con la astucia de Prometeo,
intentas robar el fuego que arde en mis entrañas,
y en una mezcla de culturas
me convierto en Frigg,
preveo tu acercamiento
y no opongo resistencia,
a pesar de las miradas,
recorro tus pasos,
soy el fuego robado,
dado y trasnochado.

Recuerdo

Fluye como el río,
corre con el viento,
fuiste una vez mío,
me diste un momento.

Asequible e inexplicable,
sé libre...

Bestia

Te visualizo
durante las luces nocturnas.
Tú no te percatas
pero ya eres mi presa,
y hoy, atacó con fuerza.
Shhhh

Quiéreme en secreto, quiéreme bonito,
a escondidas y sin ruido,
quiéreme una noche o dos o tres,
bésame tierno bajo el ciprés.

Que jamás nadie lo sepa,
hazme un lugarcito donde quepa.
Que jamás nadie lo cuente
a mi ladito sólo vente.

Regálame tu beso tierno
ya que por ti cruzo el infierno.
dame tu abrazo inconsciente,
yo lo sé que estoy demente.

Que ella no se percate,
que nunca le constate,
que le robe una caricia,
sin una pizca de codicia.

Regazo

Perdí la sanidad por una mirada,
y quedé en espera de tu llegada,
soñando que mis labios besaras
y mis curvas encontraras.

Sin embargo, morí al encontrar
tus labios a otros besar,
busqué refugio en cuerpo ajeno
y me otorgó un momento bueno.

Miré, toqué y sentí otros brazos,
prometiendo no formar lazos,
a pesar de la belleza encontrada
siguió mi voz hacia ti callada.

Espero ya no esperar,
tu cuerpo poder tocar,
no me importan tus lazos,
hoy, solo deseo tu regazo...

Lunas

Otoño renovado en luna menguante,
sin intención y con provocación,
con sinergia y metáforas
sólo sigue la mirada
hacia la excitante morada.

Me acerco y me regalas la retórica,
persuadida por mi instinto
te escoltó hacia el misterio,
sin observar la antagonía.
Hoy siéntelo sin pudor,
mañana recordaremos el sabor...

No vuelo

Sin alas, vuelo en memorias,
perdidas, ausentes, olvidadas,
carcomidas por el ascenso
que no tiene alas..

Bruja

Canto con devoción
para mostrarte mi pasión,
afina bien tus notas
sin mostrar tus derrotas.

Otoño despertó mi locura
y cosas extremas augura,
la luna ilumina mi camino,
soy bruja.
Pero mi futuro no adivino.

Harley

Frenesí de luna menguante
que comienza con un flash,
respiro, exhalo y observo
sentada en una banca a mitad de la noche.
Miradas penetrantes
que en este momento no penetran,
pero están preparadas,
acerca tu ser a mí,
que está luna vamos a sentir.
Palabras en espera
y luz con flash,
me acerco a ti y no resistes,
te beso sin inmutación.
Me raptas y no resisto,
yo toco y agradezco la fortaleza,
tú tocas el ardor de mi entrepierna
y sólo deseo, deseo y deseo.
Tocamos sin comisión
y con la ilusión de la penetración.
Comenzamos a terminar
en oscuridad total,
iniciamos,
palpamos a flor de piel.

¡Escucha! que jadear para ti
y tus labios en los míos
comienzan a correr con tu lengua en mi pecho,
me tocas y no puedo parar de gemir de placer,
y entre gritos ahogados termino y comienzas tú,
volteo y te entrego mi placer,
penetras mi mojada entrepierna,
tomando con tus manos mi cadera que grita que no pares y
que prosigas.
Te hago saber que ya no puedo más, pero necesito que
continúes,
no soportas tanto calor y en un gemido desesperado
me regalas un clímax discreto...

Davidson

Escribo para el alma mía,
sin pensar en la alegría
me interesa tu boca,
acércate y toca.

Aguerrido en combate
sin saber que combatía,
prepara tu mejor ataque
que hoy serás mi compañía.

Te observo perseguirme
pero ya no puedo rendirme,
sólo puedo redimirme
y en tus brazos hundirme.

Rituales a la luz de la luna,
con mirada y sonrisa.
Está noche tengo fortuna
sin inmutarse la fría brisa.

Te tomo y no te dejo ir,
el delirio de tus besos
lo necesitas compartir.
¡Acerca ya! Que te tengo preso.

Me aproximó a tu boca
y me compartes tu lengua.
Empiezo a ponerme loca,
iniciemos esta tregua.

Acaricias mi lujuria,
ya lista para tu placer,
esto no es una injuria,
no dejaré de ceder.

Te toco sin recato
y sé que estás preparado,
no importa que sea un rato,
ya te he observado extasiado.

Te persigo hacia la lascivia
sin soportar la libido.
Mi calor ahora alivia
sólo eso te pido.

Te dejas llevar sin detenerte,
penetrando mi erotismo.
Por fin podré tenerte
sin una gota de purismo.

Continúas con tu cadera sin parar,
yo sé que lo merezco.
Termino y lo tengo que declarar,
en gritos ahogados perezco.

Pasión es lo que se busca,
en la oscuridad la encontramos,
ahí mi piel no se ofusca
y entre las respiraciones terminamos.

Se libre

Te quiero libre sin ataduras,
con tus alas extendidas,
que vibres con el viento,
que te inspires con la tierra,
que te purifiques con el agua,
que renazcas con el fuego...

Solo hoy

Comienza con el llamado,
miradas profundas,
palabras y risas,
y termina,
todo termina.
Mirando mis ojos,
y alabando mi nombre en un grito desesperado.
Así es como termina.

Sin Jinete

Mi jinete no cabalga solo, usando su facultad,
permitiendo sin invocar, dejarme en libertad,
mudo de cuerpo a otro pero no de mi sentir,
esta noche de mi mente por siempre debes partir.

Se acaba el otoño y debo transmutar;
me distrajo otra belleza y su forma de mirar,
su cabello color a moca me volvió loca,
observé, esperé y ataqué directo a su boca.

No era yo en plenitud, y pido amnistía,
y a pesar de todo esto no fue filantropía;
la culpa la tuvo la luna menguante,
no pudo resistir a otro caballero galante.

Engaño la vista de mercurio retrógrado
y de mi encuentro no iba a salir librado,
sabía qué quería y no dudé mi potencial,
no hubo imputación porque era un chaval.

Otoño con frío, motores y pistones,
esta noche conocerá de mí las pasiones,
tomó con fuerza mi mano helada
y a montar su corcel fui invitada.

No cabalgué, permanecí estática
mientras tanto me volvía una lunática,
apasionada por algo nuevo,
al menos eso fue mi consuelo.

No percibí tu lejana presencia
observando sin vehemencia,
callado, mirando y deseando
fuese tu corcel el que yo estuviera montando.

Memorias

No hay letras, transmutaciones ni transformación.
No queda ilusión, ni esperanza.
No me ahogo, pero tampoco respiro.
Soy una enredadera de recuerdos de ti, tan mío y sin tenerte.
Somos remembranzas, nada más...

Así soy

Me redimo en la luz que refleja la luna con tu recuerdo,
tan sólo para descubrir en mi reflejo que soy una romántica
empedernida de closet
buscando inspiración en besos y caricias, únicas o constantes...

Entre colores

Morado el color de la transmutación.
Amarillo es la felicidad, la alegría y el optimismo, pero
también la envidia y el egoísmo.
Rosa es el cariño, amor y protección.
Azul es la energía física e inteligencia.

No son colores falsos; están escondidos, queriendo
transmutar, transformar,
ser felices con cariño pero con inteligencia...

Armas y salvación

Nos encontramos
cargados hasta los tobillos
con armas de letras habladas,
disparamos sin discreción...

Palabras:
¿Salvación o destrucción?

Me perdí

Me perdí en tus ojos
usando mis labios rojos,
en notas de una canción
sin ritmo ni compasión.

Tomaste mi mano
e invitásteme a bailar,
mi caminar tan vano
no puedo coordinar.

Tomásteme por la cintura
sin contemplar holgura,
pude oler al natural tu cuello
y en mí no percataste destello.

Alguien más me perseguía,
un animal en cacería,
el miedo te tomó por sorpresa
al verme de otro su presa.

Caminando sin recato
me percate de tu presencia,
pensándote Insensato
observé sin opulencia.

Agotada del jolgorio ameno,
marché entre risas a mi hogar,
para mí ya no eras ajeno
queriendo volverte a encontrar.

Acércate

No intentes quererme,
que forzado no te quiero.

No intentes estar,
que obligado no lo deseo.

No me quieras, no me tomes, no me toques,
no me mires, no sublimes...

Que amarme sin quererme,
desearme sin tocarme
no lo quiero...

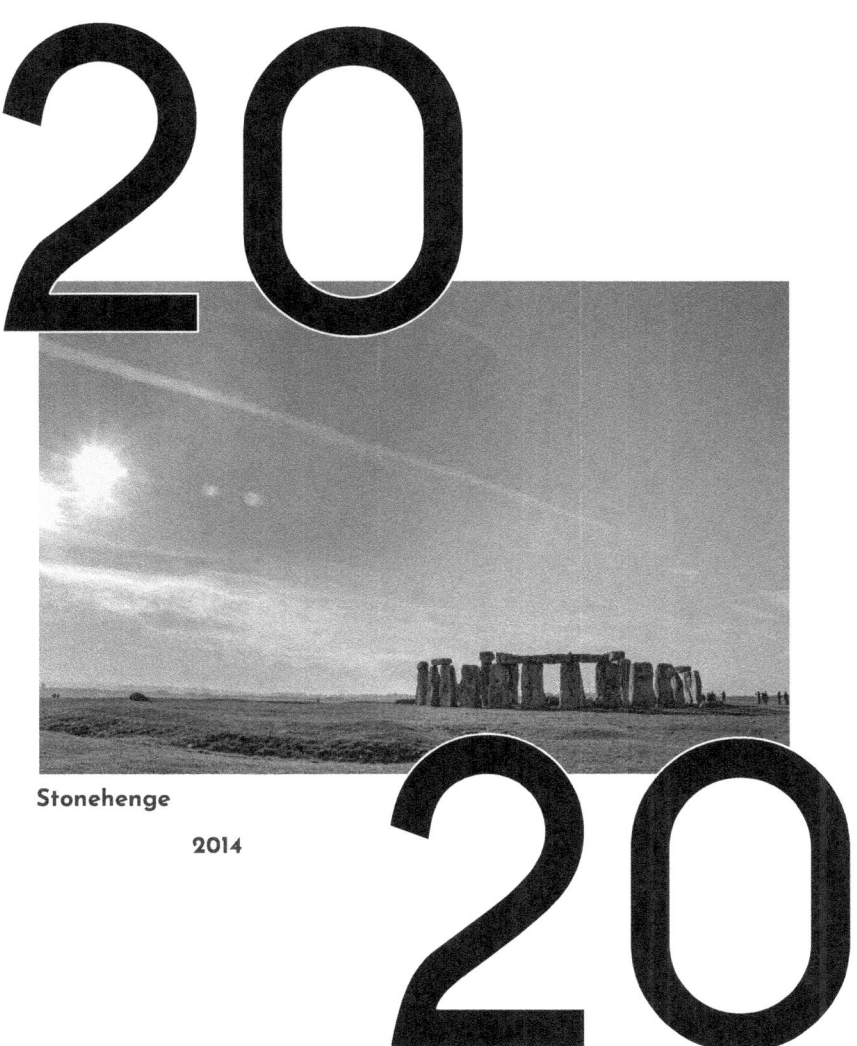

Stonehenge

2014

Sonríe

Odio la sonrisa que dibujas
entre los labios carmesí
dibujados con mis besos.

Odio los luceros de tus cuencas,
aquellos que sin pudor
miraron airados.

Paz

Me enamore de la PAZ,
sin ver la guerra que nos contenía,
no tuve tiempo de ver lo fugaz
y no supe qué nos mantenía.

Luche batallas sin saber
que lo que empezamos
no pudimos deshacer,
y del todo nos aislamos...

Sin Paz

En el regazo de la guerra busque la paz, encontrando sólo
esquirlas de lamentos...

The last kiss

Standing by you door you were,
that Sunday evening.
This is not a goodbye,
I whispered in your hear
and gave a last kiss.
Told you I will come back,
I never did.

Mi labial

Soy carmesí en estado mate,
perfumada vengo de tu piel
de curvas trazadas algún ayer...

No es verdad

Somos detractores de paralelismo,
ahogando todo el sentimentalismo,
abandonamos las profundas aflicciones,
y no seguimos las acordadas disposiciones.

Prometemos a ciegas eternidad,
sin pensar que el tiempo es subjetivo;
somos seres sin objetividad,
en un mundo transitivo.

Corre sin dejar huella,
huye con todo y pena,
mi corazón en cuarentena,
Infectado y con gangrena ...

No te ates

Pequeña niña hermosa eres el reflejo de tu miedo
 y lo noto con rabia,
transfórmate para ti,
sé libre y no te ates.

Jardines

Jardín de rosas
blancas de pureza,
puras y hermosas

En mi jardín de ensueño,
sin desvelo soy señuelo
de la paz y la armonía,
la cual yo merecía.

Llegan las rosas rosas.

Amor,
sin transmutación, ni engaño,
ha estado ahí,
esperando y esperando aquí;
por mí.

Alemán

kleines schönes Kind
du bist das Spiegelbild deiner Angst
und ich merke es vor Wut
verwandle dich für dich
Sei frei und binde dich nicht

Caminos

Muy al norte dónde está la división,
despertome el murmuró del viento, era mediados de la noche,
¡Ahí!
En tu lecho donde yo era feliz.
Te miré observarme
y todo tuvo sentido.

Crecer

—¡Habéis visto alguna flor ser flor sin ser un botón?
—Jamás.
—¡Habéis observado una mariposa sin ser oruga?
—Nunca.
—Entonces, ¿porque renegáis de la transformación,
por dolorosa que sea, te convertirá en algo
grandioso.
Y así lo pudo entender todo...

Regalo

Regálame tus versos transformados en caricias.
Otórgame tus tropos
transmutados sin malicia.

Ahorca mi analogía
alterada en abrazo,
muerde mi ironía
mutada sobre tu regazo...

Solo se

No somo ramas del mismo árbol
pero del mismo suelo crecimos,
caen nuestras semillas
y florecen en otras tierras
sin inmutarse ni permutar,
sólo se dejan llevar,
no escuchan el sonido de viento
importando nada el atuendo,
sólo me dejo llevar...

Cuidado de mí

Te protejo de mis ojos
para que no te fundas en mi mirada.
Te amparo de mis labios
para que no te ahogues con mis besos.
Te custodio de mi piel
para mantenerte sin adicciones.

Así

Deseo sin riendas ni atadura,
tan sólo imaginar es mi tortura,
mirarte, olerte y tocarte.

Nada

Siento no sentir,
añorando añorar de nuevo.
¿Qué soy sin amar?
Ahora no siento nada.

Primavera

Brota la primavera en mis entrañas,
trayendo consigo esperanza,
renacen sensaciones extrañas
formando conmigo una alianza.

Lúgubre el manto que me cubría
esperanzado en mutar de color,
sin darse cuenta de lo que sentía,
se dejó llevar por aquel olor.

Percibía rosas rosas del amor,
y no supe que era mi misma tela.

Mojar

Como gotas de lluvia a principios de verano,
llegas inadvertido e inesperado,
rociando catarsis en mi mente,
Mojándose en mí.

Me voy

¡No me toques! y déjame partir,
que mi piel ya no te pertenece
ni tampoco mi sentir.

¡No me toques! Y deja de mirarme
que estoy rota desde siempre
y en ti ya no puedo acurrucarme.

Tú

¡Fuiste tú!
Altivo y desgarrador; dando a mi boca con tu boca extracto de
brugmansia
que enloqueció mis sentidos, mi cuerpo y corazón.
He perdido la razón.

20
21

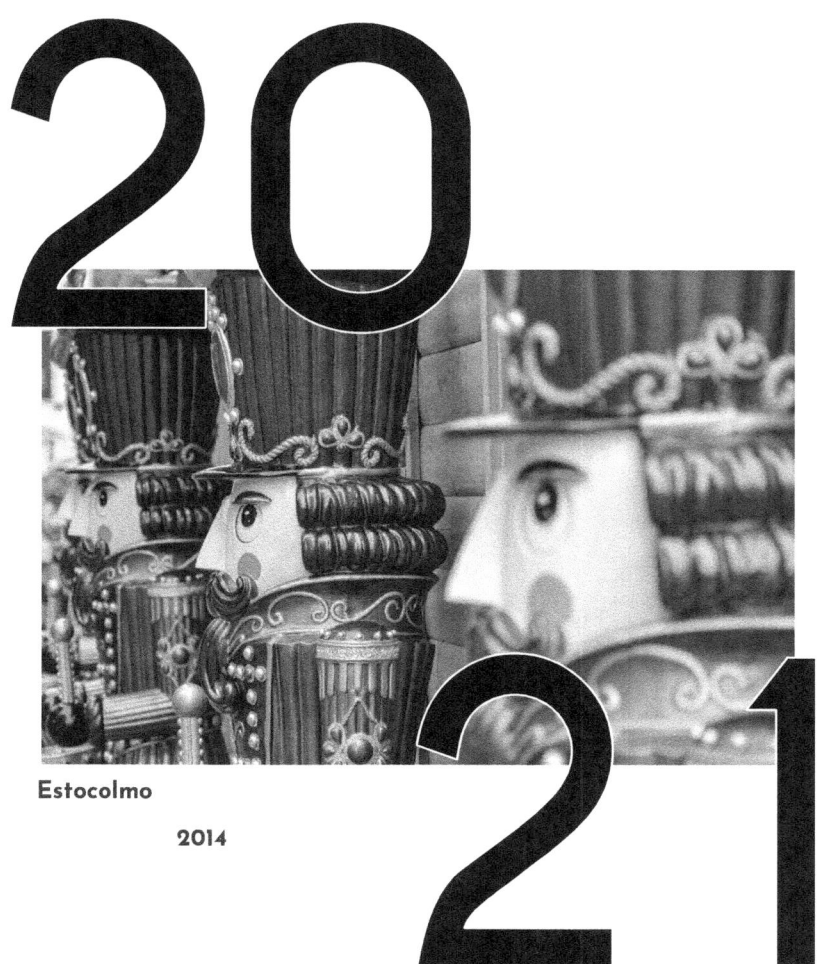

Estocolmo

2014

Crónicas de limerencia

Crónicas de adicción
en mi mente revolotean,
añoranza de liberación
que mi alma pisotea.

Causas asfixia impura,
trasnochar y meditar,
ya para mí no hay cura
mis letras para deleitar.

Sentimiento de pérdida,
de lo que no perteneció,
mi cabeza confundida
de todo que adoleció.
Verano y pistón

Acordes amargos llenos de tristeza,
miradas incompletas sin belleza,
besos direccionados en un acordé.

Besos de cerezas a la luz de la luna
menguante o creciente no recuerdo,
de caricias no pasamos hambre,
nos olvidamos de algún acuerdo.

Y así empezó la noche,
con la calentura de una mirada.

Mis principios olvidé,
defendiendo la libertad.

Waiting

We wait and wait and wait
We wait in the rock
for the love one,
still, without moving
We wait for the summer
in the cold winter,
We wait for the winter.
I the hot summer
We wait for the correct time
holding a watch in our hands
We wait for the dinner
having our breakfast
We wait
We wait
We keep waiting for a Kiss
We wait for the desire bliss
We waste, we waste, we waste
We waste out time
Waiting...

En otra vida

Tal vez en otra vida,
después de mi entierro
y cuando en otro cuerpo
esté reencarnada.

Tal vez en otra vida
con las heridas curadas
y el corazón en la mano.

Tal vez en otra vida
cuando te encuentre
antes del sufrimiento
ya sin el dolor de esta.

Tal vez en otra vida
cuando me mires
y no desees nada más.

Tal vez en otra vida
sintamos el calor
que provoca una mirada.

Tal vez en otra vida
me abraces con locura
y no nos dejes a la deriva.

Tal vez en otra vida
porque en esta
nada existe.

A escribir

Calca mis labios con color,
un poco de rojo y un twist de dolor,
e intenta con fervor tener
lo que tú no puedes ser.

Tomad una pluma y ¡a escribir!
Que eso no te lo voy a prohibir,
dibuja letras en conjunción,
habla alto, formando oración.

No olvides cantar fuerte y afinada,
para que no te crean inventada;
ah, la guitarra se me olvida,
espero sepas su canción preferida.

Sigue, estudiando mis pasos,
recuerda que soy única,
y difícil es romper ciertos lazos;
que está imitación sea épica.

Si quieres ser yo como mil,
trata de no ser un reptil.
Una pizca de abedul y pétalo rosa,
la escritura por favor en prosa.

Aunque tengas lo que he tenido
y te esfuerces hasta lo atrevido;
Para ser yo, te falta lo inconcebido.

Haiku febrero 2021

Esperaremos
por el sentir que rompe
los huesos de nuevo.

***

Adormecidos
sentidos con frenesí
cuando ya no son.

***

Las larvas de ti
transmutan en otro ser,
Freya te llama.

***

Miles de ramas
a través de pasillos
Llenos de verde.

Ojos que miran
un instante eterno,
quédate aquí.

***

Mirada de paz
me amas con ladridos,
ojos con verdad.

***

Al lado mío
maúllas con expresión,
hablas conmigo.

En letras

Lloramos melancolía
fundida entre lazos,
disipan la alegría
sin ya quedar abrazos.

Fugitiva del beso frío,
aquel que aprisiona,
helados como el río,
mi voz ya no se entona.

Tirito, tirito, tirito
entre la niebla helada,
parece que soy un mito
no puedo quedar callada.

Airada mi mirada congelada,
violenta mi mano enfurecida
terminó en gritos muy callada
a olvidar el todo, decidida.

Skógafoss

Cultivos de algodón helado
sobre llanuras volcánicas,
escucho el río a lo lejos,
tan imponente, claro y fuerte,
me quedo aquí,
que mi corazón se funda con la lava,
junto con las flores,
mi regazo
lo encontraré en el campo.

Vegvísir (Islandia)

Que la fuerza me guíe cuando estoy perdida.
Que el toro cobije mi alma.
Que el águila guarde mi visión.
Que el dragón me de fortaleza.
Que el gigante de roca defienda mi corazón.
Que las rocas gélidas dancen conmigo
y las cascadas me canten al unísono.

Perdimos

Perdimos el animo
al distraer la atención.
Ganamos... último
al atender la razón.

Reykjavík

When the night end and the first ray of light come over
me.
I will needed to be gone.
When the passion got cold and your sheets are settled
correctly.
I will be there no more.
Does anybody comfort me?
Does anybody care?

When the magic dissipate and the hidden is shown
Will I return?
When you lips are parched and you curiosity vanished.
I will be lost.
When my tears are dry and my heart heals.
I will be here again.

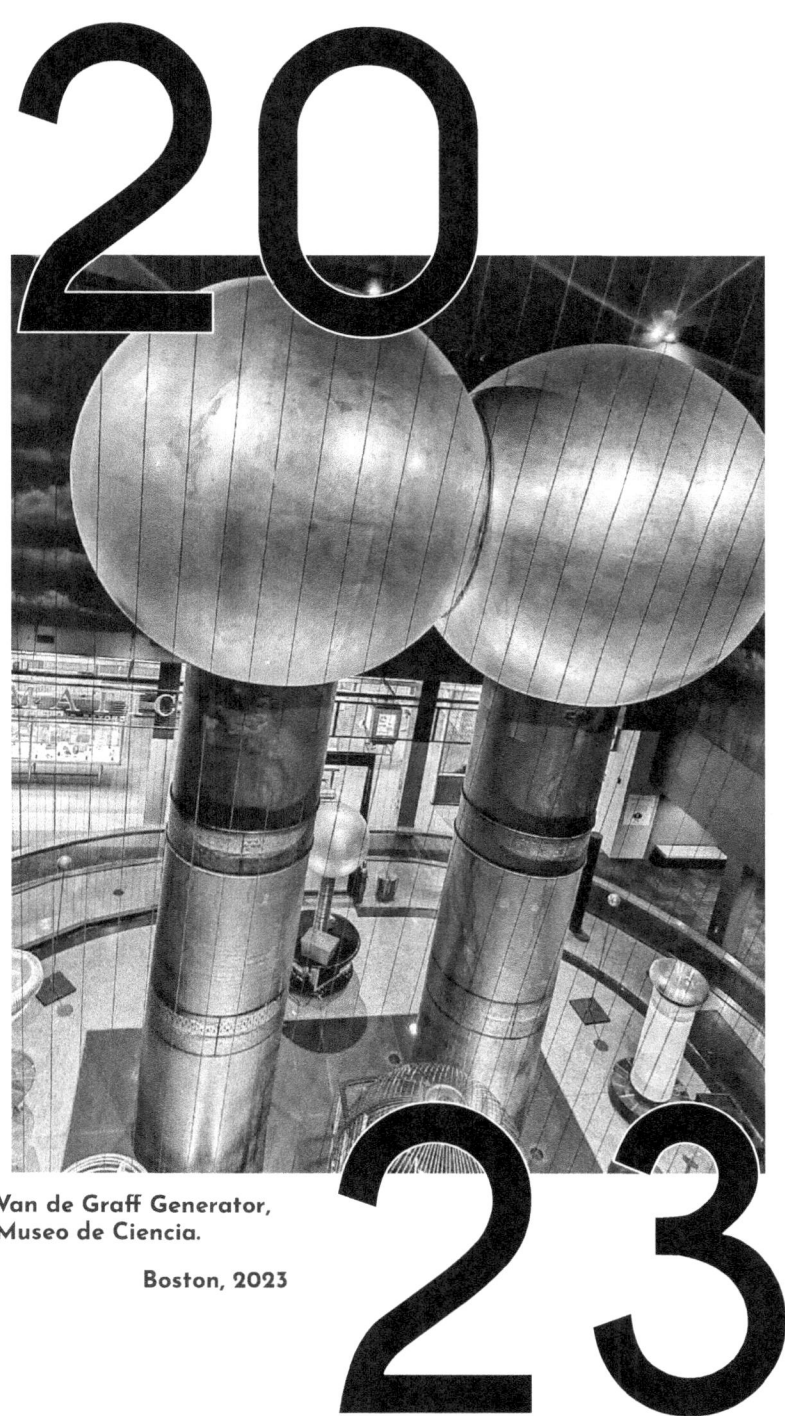

2023

Van de Graff Generator,
Museo de Ciencia.

Boston, 2023

" J "

My path
enlightened
by the green on your eyes

My heart
enchanted
of the notes of your voice

My life is yours
to walk by your side
whtever path you follow
next to you i will be

Cause we are one now

Viento de tu aliento,
te sueño siempre
algo irreal.

Letras y recuerdos de Kýab

Índice

2020

2021

2023

Letras y recuerdos de Kÿab de Karina Liszet "Kayapina", se termino de corregir, imprimir y encuadernar en la Ciudad de México, en noviembre de 2023.